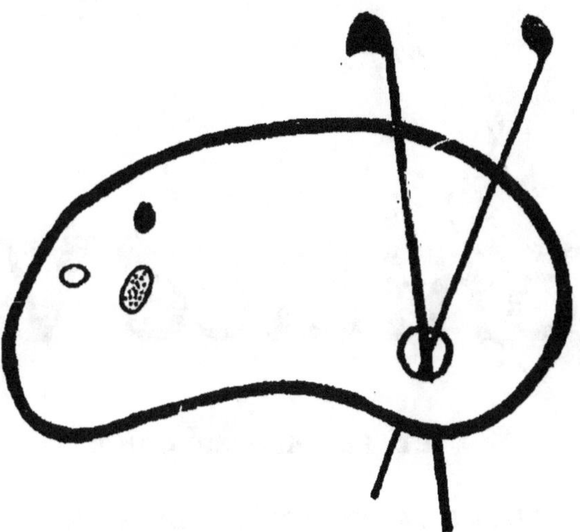

ORIGINAL EN COULEUR
NF Z 43-120-8

Paul GRAZIANI

Boniface VIII

ET LE PREMIER CONFLIT

ENTRE LA FRANCE ET LE SAINT-SIÈGE

BLOUD & Cie

SCIENCE ET RELIGION
Etudes pour le temps présent

LES GRANDS PAPES

BONIFACE VIII

ET LE

PREMIER CONFLIT ENTRE LA FRANCE & LE ST-SIÈGE

PAR

Paul GRAZIANI

Licencié ès lettres

PARIS
LIBRAIRIE BLOUD & Cⁱᵉ
4, RUE MADAME, 4
Reproduction et traduction interdites

DANS LA MÊME COLLECTION

INTRODUCTION

Le pape Boniface VIII mériterait d'être appelé
le dernier Pape du Moyen Age. C'est sous son
Pontificat que le pouvoir temporel du Saint-Siège
a été, pour la première fois, attaqué par la France
et que le prestige de la Papauté a subi les plus
violents outrages. Il a été un grand Pape médiéval. Sa figure peut être fièrement comparée à
celle d'un Innocent III ou d'un Grégoire IX.
Comme eux, il a solennellement affirmé l'autorité pontificale ; comme eux, il a lutté contre les
princes avec une opiniâtreté qu'égalait seule la
conscience qu'il avait de ses droits ; il a, par des
cérémonies somptueuses, par des bulles fermes et

éloquentes, manifesté à la face du monde la grandeur et la puissance de la Papauté.

Mais il est le dernier Pape du Moyen Age parce que, dans ce combat qu'il avait engagé contre les ennemis de son pouvoir temporel, il a été, en somme, vaincu. Il disparut avec le xiv° siècle débutant et l'on sait que ce siècle marque le déclin du Moyen Age. La vieille République chrétienne que formaient jusqu'alors les Etats européens, se disloque ; les nationalités prennent plus nettement conscience d'elles-mêmes ; des hérésies réussissent à s'implanter, à vivre, à prospérer parfois : après le séjour des Papes à Avignon, qui fut une sorte de captivité dorée, le Grand Schisme va diviser la chrétienté en deux et même trois partis qui se livreront une lutte acharnée. Les fidèles ne sauront plus à quel signe reconnaître le vrai Pape ; des saints eux-mêmes s'y tromperont ; des Conciles ne feront qu'envenimer la situation et l'on entendra les plaintes des hommes de cœur sur les malheurs de l'Eglise. En même temps des guerres effroyables déchireront les peuples et des épidémies dévasteront la moitié de l'Europe. Boniface VIII est mort avant tous ces événements désastreux, mais il les a immédiatement précédés ; sa fin si triste et si sombre après l'attentat d'Anagni semblait faire prévoir que des maux sans nombre allaient fondre sur l'Église : et ce ne fut pas un vain présage. Voilà pourquoi nous avons dit qu'il fut le dernier Pape vraiment médiéval. Sa grande figure dans le Moyen Age finissant brille d'un vif éclat et sa chute ne fait que précipiter celle de cette époque tourmentée.

On comprend aisément que l'histoire d'un tel Pape ait été l'objet de travaux nombreux, mais passionnés et partiaux. Les Gallicans ont étudié le différend qui mit aux prises Boniface et Philippe le Bel et, dès l'abord, ils sont violemment hostiles au Pape. On peut s'en convaincre en lisant l'ouvrage que publia Pierre Dupuy en 1655. Plus tard Baillet sut, dans une étude semblable, mettre moins de fiel et d'acrimonie, mais sans cacher néanmoins son parti-pris. Le livre de Boutaric sur Philippe le Bel est intéressant, mais un peu terne. C'est en somme le P. Tosti qui, dans son

Histoire de Boniface VIII et de son temps a su apporter le vrai ton de l'historien : il n'outrepasse pas les limites de l'apologie et n'avance une affirmation, qu'en produisant ses documents et l'on sait que dom Tosti puisait toujours ses preuves à bonne source.

Les principaux reproches que l'on a adressés à Boniface VIII sont relatifs à l'abdication de Célestin V, à sa propre élection, à la captivité de Célestin V, au différend qui le brouilla avec Philippe le Bel. Nous avons tâché de faire connaître la vérité sur ces divers points, sans rehausser ni rabaisser le rôle de Boniface. On pourra ainsi se rendre compte que les faits ont été défigurés par de prétendus historiens et que l'on s'est trop souvent fondé pour juger notre Pape sur des témoignages non contemporains. Du reste, même quand on utilise des documents authentiques, comme c'est le cas pour Pierre Dupuy, on peut les apprécier de façon à donner raison au Roi contre le Pape : tout dépend du plus ou moins de bonne foi de l'historien. Pour nous, fort de ce principe que l'Eglise ne craint pas la vérité, nous nous sommes efforcé de faire un exposé aussi exact que possible, dans les limites qui conviennent à un opuscule de cette nature. La Bulle *Unam Sanctam*, par exemple, qui a fait verser tant d'encre et qui a fait peut-être autant de bruit que le *Syllabus* du xix° siècle, nous a paru mériter un commentaire spécial qui en fasse nettement ressortir le caractère véritable. Le tort de beaucoup d'historiens de Boniface a été, à notre avis, de considérer son différend avec Philippe comme une affaire particulière et tous les actes du Pape comme se rapportant uniquement à cette affaire et tendant à créer des obstacles au roi de France. Ce point de vue n'a pas été le nôtre. Nous croyons que le conflit entre la France et le Pape, à cette époque, a une portée singulièrement plus haute. Il s'agit de savoir si, pour le temporel, les souverains seront absolument indépendants de l'Eglise. Le cas de Philippe et de Boniface est un exemple frappant qui sert à illustrer le problème, qui, si l'on veut, pose solidement la question. Tous les actes ou presque tous les actes du Pape, expédiés alors par la chancellerie romaine, ont une impor-

tance générale et peuvent intéresser tous les souverains chrétiens. Voilà ce que nous avons essayé
de mettre en lumière. Puisse notre travail n'être
pas trop indigne de la mémoire d'un si grand
Pape et contribuer à lui donner la place qu'il mérite
parmi les Souverains Pontifes, place qu'on lui a si
souvent contestée et qui est une des plus hautes.

BONIFACE VIII

ET LE

PREMIER CONFLIT ENTRE LA FRANCE

ET

LE SAINT-SIÈGE

CHAPITRE PREMIER

LES DÉBUTS DE BONIFACE VIII

Benoît Gaëtani (Cajetan) qui fut Pape sous le nom de Boniface VIII, naquit à Anagni. Trois Papes déjà avaient vu le jour dans cette ville, Innocent III, Grégoire IX et Alexandre IV. C'était une très ancienne cité, jadis capitale des Herniques ; située sur une colline, au pied des Apennins qui courent vers Rome, elle domine la délicieuse vallée d'Anagni qu'encadrent, non loin des côtes de Terracine, les montagnes de Piperno et de Sezze. De grandes familles italiennes, les Frangi-

pani, les Tusculani, les Annibaldeschi y rési-
daient ; les plus illustres étaient peut-être les
comtes de Segni et les Cajetan.

Il est très difficile de faire la généalogie des
Cajetan ; nous savons qu'au XIII° siècle, Leuffroi
Cajetan, fils de Matthias, avait été capitaine dans
la milice du roi Mainfroi ; il épousa une Conti,
nièce d'Alexandre IV, et l'un de ses enfants fut
Benoît, le futur Boniface VIII. Nous ignorons la
date précise de sa naissance. On la fixe entre
1218 et 1228, plutôt près de 1228. Il fit ses pre-
mières études à Todi, dont il devint, dans la
suite, chanoine titulaire. Il aurait pu les continuer
à l'Université de Bologne, alors très florissante, et
célèbre par la science de ses juristes ; mais, nous
savons, par son propre témoignage, qu'il vint,
vers l'âge de vingt-cinq ans, étudier à Paris. Ce-
pendant, il dut, à son retour de Paris, séjourner
quelque temps à Bologne, car il reçut l'enseigne-
ment de Dino da Mugello. Ses études terminées,
il entra dans la carrière diplomatique.

En 1255, le cardinal Ottoboni, le futur Adrien V,
fut envoyé comme légat en Angleterre, au plus
fort de la lutte entre le baron et le Roi. Gaëtani
l'accompagnait : il ne dut pas y demeurer longtemps, car, quelques années après, il vint en
France avec le cardinal de Sainte-Cécile, au moment où se préparait l'expédition de Charles

d'Anjou. En 1280, il se rendit en Allemagne comme secrétaire du cardinal légat Mathieu de Aqua Sparta. Le 12 avril 1281, Martin IV l'éleva au cardinalat avec le titre de *Saint-Nicolas in carcere Tulliano de Urbe*. Il cumula dès lors le produit de douze bénéfices dont un en Angleterre (Towcester), sept en France (Bar, Piliac et des canonicats à Langres, Lyon, Chartres, Paris, Saint-Omer), deux en Italie (Anagni et Todi) et deux à Rome (Saint-Nicolas in Carcere Tulliano et Saint-Pierre de Urbe). Sous Innocent V, il fut à Rome, avocat consistorial et protonotaire apostolique, bien avant d'être cardinal.

Il était donc un personnage ecclésiastique très considérable. Sa grande connaissance du droit canon le servit beaucoup. D'un caractère altier, d'une force de volonté incomparable, qui donnait à son beau visage un aspect mâle et fier, il exerçait ses fonctions avec une gravité et une fermeté dignes de leur importance. Il avait des dignités ecclésiastiques et de l'autorité apostolique une idée très haute, qu'il sut manifester en 1290. Cette année-là, Nicolas IV l'avait envoyé en France comme légat, avec un de ses collègues, pour hâter la conclusion de la paix entre l'Empire, la France, l'Angleterre et l'Aragon et pour faire une enquête sur les griefs du Clergé de Chartres et de Poitiers contre les officiers du Roi. Dans un mémoire pré-

senté au pape Nicolas IV au nom du roi en 1289,
le jeune Philippe IV s'était exprimé en termes
fort incorrects vis-à-vis de l'Eglise et du Pape.
Benoît Gaëtani présida, en novembre 1290, une
assemblée du clergé à Sainte-Geneviève de Paris :
elle rédigea des cahiers qu'utilisa le roi pour faire
la même année une ordonnance sur les privilèges
de l'Eglise. Les évêques, assemblés à Sainte-Geneviève, demandèrent aux légats l'abolition de la
bulle *Ad fructus uberes*, par laquelle Martin IV
avait accordé aux frères des Ordres mendiants le
droit de prêcher, confesser et ensevelir sans l'autorisation épiscopale. Gaëtani refusa et même répondit à Guillaume de Mâcon, évêque d'Amiens,
que le seul membre sain de l'Eglise étaient les
frères mendiants. Et il reprocha aux docteurs de
Paris de s'imaginer que la Cour de Rome ne mû-
rissait pas ses actes.

Benoît Gaëtani fut encore légat en Sicile, en
Portugal, en Allemagne. Mais en 1292, Nicolas IV
mourut. Le Saint-Siège resta longtemps vacant. A
Rome, les Colonna et les Orsini troublèrent Rome
par leurs luttes sanglantes. Les cardinaux se réu-
nirent en conclave à Pérouse et, en 1294, ils élu-
rent Pape, Pierre Angelerier. On le surnommait
Pierre de Murrone, parce que, depuis soixante
ans, il habitait un ermitage dans la montagne de
ce nom, qui domine la ville de Sulmona. Il avait

vécu aussi sur le Monte-Majella et avait fondé une communauté de pauvres moines qui prirent plus tard le nom de Célestins. Pierre de Murrone, devenu le pape Célestin V, continua à vivre comme un moine. Sa grande simplicité, son ignorance des affaires de l'Eglise à une époque aussi agitée, son incapacité de se défendre contre les quémandeurs de grâces apostoliques lui suggérèrent l'idée d'abdiquer. Le célèbre Jacopone di Todi accéléra cette décision en avertissant le Pape des dangers qu'il courait en demeurant Souverain Pontife. Jacques Stefaneschi, cardinal de Saint-Georges, nommé par Célestin V chanoine de Saint-Pierre et auditeur de rote, dit qu'il entendit souvent le Pape exhaler ses angoisses : « Mon meilleur parti, s'écriait-il, n'est-il pas de rompre les liens qui m'attachent à ce trône fatal ? » Il appela alors auprès de lui le cardinal Gaëtani et lui fit part de son projet. Gaëtani lui répondit qu'il pouvait librement renoncer à la Papauté. Stefaneschi et Pierre d'Ailly (1) nous apprennent qu'il fit aussi appel à d'autres conseillers, qui l'encouragèrent dans ses desseins. Il n'est pas prouvé que Gaëtani aurait agi plus que de raison sur l'esprit du Pape pour l'engager à abdiquer. Le récit de Ferreto de Vicence ne s'appuie que sur des on-dit (2). L'an-

----

(1) *Apud Surium,* iii, die 19 maii.
(2) Cf. ses expressions : *perhibent, ferunt.*

naliste de Milan donne le vrai motif de la réso-
lution de Célestin V : « Qui videns suam insuffi-
cientiam Papatui renuntiavit (1) ». Célestin qui,
depuis quelque temps, habitait à Naples, sous l'œil
de Charles le Boiteux, le Château-Neuf, abdiqua
le 13 décembre 1294, jour de sainte Lucie.

Dix jours après l'abdication de Célestin, les cardinaux, conformément à la Constitution renouvelée
du pape Grégoire, se renfermèrent en conclave.
Ils étaient vingt-deux. La France était représentée
par huit d'entre eux : l'évêque d'Ostie, Hugues
de Billom, Béraud de Got, Simon de Beaulieu,
Jean Lemoine, Guillaume Ferrier, Nicolas Nonan-
court, Robert Ferrier, ancien abbé de Citeaux, et
Linon qui fut moine de Cluny. Sauf le premier,
tous étaient de la création de Célestin, et, par
conséquent, les affectionnés de Charles, roi de
Naples. Thomas de Thérams et Pierre d'Aquila
étaient moines célestins; Landolphe Brancaccio,
Guillaume Longo, chancelier du roi, et Jean Cajetan étaient tous favorables au parti d'Anjou, à
l'exception peut-être de Jean Cajetan qui devait
désirer l'élection de son oncle. Les cardinaux
attachés au Pape qui venaient d'abdiquer, connaissant l'influence qu'avait pu exercer sur sa dé-
termination l'avis d'un canoniste aussi consommé

(1) *Muratori*, t. XVI, p. 683.

que le cardinal Benoît Cajetan ne pouvaient avoir
à cœur l'élection de ce dernier. Les autres cardinaux étaient : Gérard de l'arme, Jean Boccamazza,
Mathieu d'Acquasparta, en Ombrie, Pierre Pere-
grosso de Milan, Mathieu Rosso des Ursins,
Jacques Colonne, Napoléon des Ursins et Pierre
Colonne, tous Italiens : leur principale préoccu-
pation devait être d'élire un Pape capable de
transférer la cour pontificale de Naples à Rome et
d'échapper ainsi à l'influence de Charles.

Charles de Naples n'était pas cardinal mais,
sous le pontificat de Célestin, il avait fait des cardinaux ; il n'avait pas le droit de participer au
scrutin, mais il avait le désir de voir arriver au
souverain pontificat quelqu'un qui fût dans ses
intérêts, une de ses créatures. Il y avait beaucoup
de raisons pour qu'il inclinât vers un cardinal
français. Il redoutait les Romains, à cause de
leur patriotisme, et il voulait tenir dans sa main
un Pape qui pût servir ses visées politiques, ses
projets de conquêtes.

Ptolémée de Lucques (1) nous apprend que le
prince ne craignit pas de s'introduire dans le
château où les cardinaux s'étaient assemblés en
conclave. Ils surent néanmoins résister à l'influence royale. Au-dessus de toutes les brigues,

____

(1) *Histoire ecclés.*, c. 34.

de toutes les ambitions humaines plane, dans les
conclaves, le Souffle sacré, l'Esprit divin. Rien
ne se fait sans lui, nul ne peut arriver au souverain pontificat, sans son inspiration. Certes, on
ne peut nier qu'avant l'élection, les compétitions,
les querelles, les luttes de parti soient éloignées
du conclave : mais le résultat final est l'œuvre de
Dieu.

C'est Benoît Cajetan qui fut élu Pape, à la plu-
ralité des voix. Il était alors cardinal-prêtre du
titre de Saint-Sylvestre et de Saint-Martin. Villani
prétend que Cajetan usa d'intrigues pour obtenir
son élection et demanda lui-même à Charles —
sous promesse de le servir — d'ordonner à ses
cardinaux qu'ils votassent pour lui. Mais Villani
n'est pas un historien sûr ; outre que la critique a
découvert dans sa chronique un très grand
nombre d'erreurs, nous dirons qu'il ne termina
son histoire que l'année du Jubilé, époque où il
vint à Rome : mais il y avait six ans alors que
Boniface était Pape et Villani n'avait pas assisté à
son exaltation. Il n'a donc pu connaître de ce fait
que ce que la rumeur publique lui en apprit et
l'opinion était alors fortement travaillée par les
Colonna dont le libelle accusait d'invalidité l'élection du cardinal Cajetan. Du reste, quelles faveurs
celui-ci aurait-il pu promettre à Charles ?
Alphonse Chacon affirme qu'il se serait engagé à

aider le roi à recouvrer la Sicile. Mais les efforts
des Papes précédents avaient tous tendu à arra-
cher cette île au royaume d'Aragon, pour le soumettre à Charles, et la politique de Boniface ne
pouvait que continuer celle de ses prédécesseurs,
sans qu'il fût pour cela besoin d'une promesse.

De plus, comment expliquer que le cardinal
Cajetan pût courber la tête devant Charles, lui
qui ne céda jamais devant personne, qui résista
même à Philippe le Bel ? S'il faut en croire les
adversaires de Boniface, il aurait blessé le roi de
Naples en déterminant Célestin à abdiquer : comment donc aurait-il pu, peu de temps après,
solliciter la protection de ce même roi ? Si Charles
avait voulu voir monter sur le siège de Saint-
Pierre un homme docile, il faut reconnaître qu'en
portant son choix sur quelqu'un d'aussi tenace,
d'aussi intransigeant que Boniface, il se serait
bien trompé. Du reste, les auteurs qui parlent des
menées de Cajetan pour arriver à la Papauté sont
ou postérieurs aux événements comme Villani ou
partiaux comme Dante. Les contemporains, les
témoins oculaires comme Ptolémée de Lucques et
le cardinal de Saint-Georges, Jacques Stefaneschi,
n'en disent rien. De plus, Stefaneschi rapporte
qu'en apprenant l'élection, les espérances de
Charles furent déçues, montrant bien par là que
le roi de Naples ne s'attendait pas au choix du

2

conclave. Du reste, Stefaneschi était de la création de Célestin et il n'aurait pas manqué de dire toute la vérité, si elle eût été défavorable à Boniface. L'auteur d'un écrit intitulé : « Vie, mœurs du pape Boniface VIII et choses arrivées sous son pontificat » (1) — écrit tout à fait partial et plein de calomnies contre Boniface — dit que le roi de Naples connaissant le cardinal Benoît Cajetan pour un homme cupide, avare, envenimé et traître, ne le voulut jamais nommer. Il semble donc que Charles ait été plutôt mal disposé envers Cajetan, de l'aveu même des ennemis du cardinal. D'ailleurs, les Colonne eux-mêmes, dans leur libelle, n'allèguent pas le crime de simonie pour démontrer l'invalidité de l'élection de Cajetan.

Elu Pape, le cardinal Cajetan sentit tout de suite l'importance de la lourde charge qui lui était confiée. Il avait jusqu'ici vécu dans des années troublées et il savait quelles difficultés avaient rencontrées ses prédécesseurs ; aussi ne put-il s'empêcher de pleurer, lorsqu'il apprit son élection. Il prit le nom de Boniface, et il était le huitième Pape de ce nom. Il choisit comme devise du sceau pontifical les paroles du prophète :

(1) Ce manuscrit est à la Vaticane, bibliothèque des ducs d'Urbin, sous la côte 1275.

« Mon Dieu, venez à mon aide ». *Deus, in adju-
torium meum intende* (1).

Les prébendiers, trafiquants et courtiers de
choses saintes s'étaient donné carrière sous Célestin V. Profitant de la faiblesse de ce saint pontife, ils lui avaient arraché une foule de concessions, de grâces et de privilèges. Boniface VIII
mit fin à cet état de choses et révoqua toutes ces
concessions. Nous avons encore l'acte de révoca-
tion. Il débute ainsi : « Le pape Célestin V, séduit
par les instances et l'ambition de nombreuses
personnes, a fait diverses concessions, indignes,
extraordinaires et contraires à la coutume. Aussi
lui-même reconnaissant son insuffisance et le
danger que toute l'Eglise en souffrait, a renoncé
à la Papauté ; et il a demandé humblement et
voulu que son futur successeur révoquât avec
prévoyance les concessions que lui-même avait
faites sans prévoyance. Et lorsque nous fûmes
arrivé au Souverain Apostolat, il nous pria, pendant que nous étions encore à Naples, d'avoir
soin de révoquer ce qu'il avait accordé (2). »
Jordanus (3) regarde cette mesure comme l'œuvre
d'un esprit orgueilleux. Nous y voyons plutôt une
marque de la sollicitude de Boniface pour l'Eglise.

(1) *Ciacc. Vitæ Pontif.*
(2) *Registrum Bonif.*, Ms. Vatic. an. I, n° 75.
(3) Jord. Ms. Vatic. 1960.

Il ne faisait, en somme, que se conformer aux
vœux de Célestin lui-même qui avait été trop in-
dulgent et trop bon, non « dans la plénitude de
son pouvoir, mais dans la plénitude de sa simplicité », selon l'expression de Jacques de la Vo-
ragine (1).

Ce premier acte, sévère, mais juste, du pontificat de Boniface, devait lui créer une multitude
d'ennemis. Tous les trafiquants qui avaient été
gravement pourvus par Célestin V, les moines célestins qui ne cessaient de regretter l'abdication
du fondateur de leur ordre, les personnes qui, de
quelque manière que ce soit, avaient profité de la
naïveté du précédent Pape, se tournaient immédiatement et tout naturellement contre son successeur. Il y a là une première raison des terribles
haines que Boniface eut à combattre durant toute
sa vie. Mais aucun obstacle ne put arrêter sa volonté ferme et opiniâtre. Boniface VIII se sentait
presque en exil dans cette ville de Naples où il se
trouvait, pour ainsi dire, sous la dépendance de
Charles. Il comprit que la Papauté devait être
chez elle, dans la seule ville qui convint à sa dignité et à sa liberté, à Rome. Il exhorta donc les
Napolitains à demeurer fidèles à leur souverain et
au Pape, engagea Charles à gouverner avec dou-

____

(1) *Chron. Gen.*, Scrip. rer. Jt. tome IX.

ceur ses sujets écrasés par les récentes guerres. Il quitta Naples, se dirigea vers Capoue et San-Germano, visita l'abbaye du Mont-Cassin, puis, prenant la route de Ceprano, il descendit dans la vallée d'Anagni, sa patrie. Toute la population de la ville vint au-devant de lui ; une escorte de cavaliers lui rendit de magnifiques honneurs et les habitants, transportés d'allégresse, dansaient en tenant des palmes dans leurs mains. Des patriciens romains se détachèrent de la foule et offrirent à Boniface la dignité sénatoriale, hommage premier de la ville éternelle à celui qui, Vicaire du Christ, devait tant souffrir pour l'Eglise, mais combattre jusqu'au bout avec une fierté splendide et conforme à l'antique majesté romaine et pontificale. Dans son beau poème sur le couronnement de Boniface VIII, le cardinal de Saint-Georges remarque que ni le froid ni les fatigues du voyage ne purent abattre le Pape, tant il avait l'âme remplie d'une paisible joie d'avoir retrouvé la liberté.

Depuis trois ans aucun pontife n'avait résidé à Rome. Il semblait que quelque chose manquât à la ville, que le symbole de sa puissance l'eût abandonnée et qu'elle fût restée veuve de son souverain. Boniface venait de nouveau affirmer l'alliance de l'Eglise et de Rome. C'est là qu'apparaît, très nettement, le caractère vraiment romain de Boniface VIII. Aussitôt arrivé à Rome, il se rendit à la basilique de Saint-Jean-de-Latran pour prier, puis il se retira au Vatican.

Les cérémonies et les fêtes qui eurent lieu à l'occasion de sa consécration et de son couronnement eurent un caractère de splendeur et de solennité dignes du Moyen Age. L'Eglise à cette époque est toute puissante ; elle tient dans la société européenne la première place, elle est une image de l'Eglise triomphante et elle doit faire éclater aux yeux de tous, avec toute la magnificence qui convient, sa gloire et sa majesté. Le pontife qui devait affirmer en formules impérissables les droits de la Papauté dans la bulle *Unam Sanctam* sut monter sur le Siège Apostolique avec tout l'éclat qu'on pouvait attendre d'un souverain aussi pénétré de la grandeur de son autorité.

Le premier dimanche du mois de janvier 1201, Boniface, accompagné du collège des cardinaux et de tous les évêques présents à Rome ainsi que de tout le clergé de cette ville, se rendit à la basilique vaticane. Une immense affluence de peuple admirait ce brillant cortège. Le Pape entra dans la basilique, y déposa les vêtements qu'il portait et revêtit l'aube blanche, la ceinture, l'étole, la dalmatique de pourpre à manches et une longue chape traînante. Deux officiers rele-

vaient sur les côtés ce grand manteau pontifical et
une agrafe d'or, incrustée de pierreries qui en-
touraient une étincelante escarboucle, le retenait
sur la poitrine. La mitre à deux pointes remplie
de gemmes, fut placée sur l'auguste chef et sur
chaque épaule retombaient les saintes infules.
Puis le Pape se ganta et passa à son doigt un an-
neau précieux. Les cardinaux et les évêques, tous
vêtus de blanc, se rangèrent autour de lui et
c'est alors que l'archidiacre disposa la proces-
sion qui devait conduire Boniface à l'autel de
Saint-Pierre.

Le Pontife s'avançait lentement, en bénissant la
foule de sa main ; lorsqu'il fut arrivé au chœur,
trois cardinaux-prêtres le revêtirent de la cha-
suble et lui baisèrent la poitrine en signe de paix.
Puis il s'assit sur un grand fauteuil entre l'autel
et le trône. Les évêques d'Albano, de Porto et
d'Ostie, tous trois subsidiaires, récitèrent tour à
tour des prières qui appelaient la bénédiction de
Dieu sur le nouveau Pontife.

C'est alors que Boniface se leva et se dirigea
vers l'autel de Saint-Pierre ; aux coins de l'autel
quatre colonnes de porphyre soutenaient au-
dessus de la tête du Pape un baldaquin d'argent, à l'ombre duquel reposaient les reliques
des Apôtres. Arrivé à l'autel, Boniface, qui
n'était pas encore évêque, fit sa profession de

foi (1). Ensuite il commença la messe pontificale ;
après l'introït, il s'assit sur le même fauteuil qu'au-
paravant et admit les prélats et les prêtres à lui
baiser les pieds ; il remonta à l'autel, où il reçut
des mains des deux plus anciens cardinaux diacres le pallium de laine blanche, marquée de
croix noires, insigne de la Papauté, ou plutôt de
la plénitude de l'office pontifical. Le pallium fut
attaché par trois épingles d'or, puis le Pape en-
censa l'autel et s'assit sur son trône, où les cardinaux vinrent lui baiser le pied et le visage.
Alors eut lieu la cérémonie appelée la Louange
du Pontife : le doyen des cardinaux diacres ayant
fait ranger tous les assistants sur deux lignes,
acclama, au nom du Christ, le pape Boniface ;
celui-ci invoqua trois fois le Sauveur, deux fois la
Sainte Vierge et une fois les saints des grandes
Litanies. C'était là en quelque sorte le symbole
des cultes de lâtrie, d'hyperdulie et de dulie.
L'assistance répondit : « Secourez-le ». Après
cela, Boniface fut oint et sacré évêque et Pape,
prit place sur un trône devant la porte de la basilique, en présence du peuple, et le doyen des cardinaux diacres, lui ôtant la mitre, la remplaça
par la tiare en disant : « Recevez la tiare afin

(1) D'après les notes ajoutées à Chacon par Augusti n
Oldoini.

d'apprendre que vous êtes le père des princes et
des rois, le gouverneur de la terre, le Vicaire sur
terre de notre Sauveur Jésus-Christ à qui soient
gloire et honneur dans les siècles des siècles ».

La base de cette tiare, de forme phrygienne,
était entourée d'une simple couronne, marque
de la puissance royale (1). Papebroeck (2) prétend
que Boniface y ajouta une seconde couronne. La
tiare de Boniface était d'un merveilleux tissu de
plumes de paon ; au sommet brillait une escarboucle ; tout autour de la tiare étaient disposés des
cercles de pierres précieuses.

Telle fut cette cérémonie grandiose du couronnement qui devait tant frapper les esprits.
Mais ce ne fut pas tout. La cavalcade solennelle à
Saint-Jean-de-Latran succéda à l'office pontifical.
Le cheval blanc monté par le Saint-Père avait le
dos et la croupe couverts d'un caparaçon de
pourpre. Les chevaux des hauts prélats étaient
couverts d'étoffes blanches ; ceux des sous-dia-
cres, des chapelains et des scrinarii (3) étaient
nus. En tête était le cheval du Pape, conduit par

(1) Stefaneschi, cap. 7.
(2) Le pape Innocent III dit dans son sermon sur
saint Sylvestre : « Romanus Pontifex in signum imperii
utitur regno et in signum pontificii utitur mitra ».
(3) Les scrinarii étaient les douze archivistes chargés
de veiller à la garde des actes de l'Eglise.

la bride ; puis venait le sous-diacre tenant la croix élevée. Douze enseignes portant des étendards d'écarlate, et deux autres portant chacun un chérubin au bout d'une lame étaient au troisième rang ; suivaient les deux préfets de la flotte vêtus du pluvial, les scrinarii, les avocats, les juges, les chantres, les diacres de l'Epitre et de l'Evangile grec, les abbés forains, les évêques, les archevêques, les abbés urbains, les patriarches, les cardinaux prêtres, les cardinaux diacres, et enfin, sur le cheval blanc, le Pape ; un sous-diacre se tenait à ses côtés, protégeant sa tête avec une ombrelle ; deux rois, Charles le Boiteux et Charles de Hongrie, conduisirent un moment, par la bride, le cheval du Pape ; ils voulaient affirmer par là leur vassalité envers l'Eglise. Deux patriciens les remplacèrent.

Puis la cavalcade se dirigea vers Saint-Jean-de-Latran. Chemin faisant, des serviteurs jetaient de l'argent au peuple. Au portique de la basilique, le Pape déposa la tiare et s'assit sur le siège de porphyre appelé « stercoraria », puis les cardinaux le relevèrent et, debout au milieu des chanoines, il prit trois poignées de monnaie et les jeta au peuple en disant : « Je ne possède ni or ni argent, voilà ce que j'ai ». Il voulait témoigner par là de la pauvreté de la condition humaine, qu'on ne dépouille pas même au milieu des honneurs. Ensuite, il se dirigea vers l'autel de la basilique et on le proclama Pape en criant : « Saint Pierre a choisi le seigneur Boniface. » Ayant prié, béni le peuple, donné son pied à baiser aux chanoines et visité le palais du pape Zacharie, il fut conduit à l'église de Saint-Sylvestre et à la chapelle de Saint-Laurent où il reçut de nouvelles insignes. Enfin ayant déposé le pallium et les autres ornements, il se retira, revêtu du manteau pontifical, dans ses appartements et assista à un festin solennel. Il y fut servi par le cardinal évêque d'Ostie et par les deux rois Charles. Le festin fini, le Pape fut conduit dans sa chambre et les fêtes du couronnement furent terminées.

Le cardinal de Saint-Georges, Jacques Stefaneschi, nous a laissé le poétique récit de toutes ces somptuosités. Il est certain que Boniface VIII aimait ces cérémonies, symbole de la puissance de l'Eglise romaine. Trois fois surtout durant sa vie elles revêtirent un caractère de splendeur inaccoutumée : le jour de son couronnement, le jour du Jubilé de 1300 et le jour de l'attentat d'Anagni. Nous avons à dessein décrit les fêtes du couronnement, non seulement pour en faire connaître la beauté liturgique, mais aussi pour montrer combien, à l'avènement de Boniface, le lustre de la Papauté faisait l'admiration et l'éblouissement du monde chrétien.

Une fois monté aussi solennellement sur le siège de Pierre, Boniface VIII voulut faire connaître au monde son élévation à la l'apauté. Il le fit dans une Bulle qui est un monument non seulement d'éloquence et de poésie, mais aussi de dignité majestueuse et de confiance en Dieu. Nous en citerons le début, qui terminera d'une façon grandiose ce premier chapitre :

« Dieu dont les œuvres publient la gloire et la beauté, et dont la miséricorde infinie se manifeste par d'innombrables bienfaits, sur cette terre remplie de malice et agitée par la discorde, ne manque jamais de faire sentir, en temps opportun, ses faveurs à l'Église qu'il a bâtie, lui, créateur de toutes choses, et dont il a posé les profonds et solides fondements sur le roc inébranlable de la foi. En effet, gardien vigilant de son épouse, il est toujours à ses côtés ; pieux et clément, il ne dort ni ne sommeille à l'approche du danger. Oui, il est sa paix dans les agitations, son soulagement dans les tribulations, son secours dans le besoin. C'est surtout dans les temps malheureux, où les nuages de ce monde s'accumulent sur sa tête, qu'il accourt à son aide avec une plus tendre charité. Rassurée alors dans les angoisses et les afflictions, recueillant ses forces devant la persécution, elle trouve, au milieu même de ses maux, une plus grande vigueur. Car toujours soutenue sur le

bras divin, elle n'est ni effrayée par le bruit des
menaces, ni abattue par la rencontre de l'adver-
sité ; plus tranquille, au contraire, dans la ter-
reur, plus courageuse dans l'infortune, elle règne
lorsqu'on l'écrase et triomphe en souffrant. C'est
l'arche qu'élève l'affluence et le débordement des
grandes eaux, et qui, dominant les plus hautes
montagnes, va, sillonnant librement et sans danger, les ondes d'une mer sans limite et sans port.
Elle est encore le navire qui, surpris par des
vents contraires et ballotté par les vents en cou-
roux, oppose aux vagues remuées et à l'englou-
tissante rapidité des courants, ses flancs robustes,
surmonte la tempête, aplanit les flots superbes et
écumants, et poursuit en triomphe le cours de sa
navigation. C'est le navire qui, ayant les voiles
de la droite intention pendues et déployées à son
grand mât, c'est-à-dire à l'arbre vital de la Croix
du salut, et tenant sa proue constamment tour-
née vers le ciel, parcourt intrépidement l'océan
orageux de ce monde, parce qu'il porte avec lui
le *secours infaillible du pilote*, maître tout-puis-
sant des mers.

Sous sa forte et salutaire direction, poussé par le
souffle du Saint-Esprit, il voit les nuages de l'adver-
sité se dissiper et s'avance, hardiment et victo-
rieusement, vers le port de la céleste patrie, où il
est heureusement conduit par la main d'en haut.

CHAPITRE II

BONIFACE ET LA CHRÉTIENTÉ

Célestin V, après avoir abdiqué la Papauté, s'était réfugié en Pouille. Il continuait à y mener une existence solitaire et ascétique, lorsque de nouveaux événements vinrent tout à coup la troubler. Des adversaires de Boniface qui ne lui avaient pas pardonné d'avoir conseillé à son prédécesseur d'abandonner la dignité pontificale, essayèrent d'abuser de sa simplicité pour en faire comme l'instrument d'un schisme. Ils lui firent quitter sa retraite et ils allaient le faire embarquer pour la Grèce, où ils pensaient qu'il serait plus facile d'allumer une guerre religieuse, lorsqu'un officier de Charles de Naples l'arrêta à temps et le livra. Boniface VIII lui donna pour retraite le château campanien de Fumone et lui

donna quelques moines de son ordre pour lui tenir compagnie et éloigner les intrus. Affaibli par
les austérités, il s'éteignit doucement à l'âge de
quatre-vingt-un ans, le 19 mai 1296. Sa mort fut
l'occasion de quelques émeutes vite réprimées.
Clément V le canonisa en 1313.

Au moment où Boniface VIII est installé sur
le siège de Pierre, on peut dire que presque
toute l'Europe est en feu. Le roi d'Angleterre,
Edouard Ier et Philippe le Bel, roi de France, sont
en lutte, à la suite de rixes inévitables entre ma-
rins français et anglo-gascons ; le roi de France
gagne à sa cause Ecossais, Gallois et Norvégiens ;
le roi d'Angleterre a pour alliés Adolphe de Nassau, roi d'Allemagne et la Flandre. L'Italie est
déchirée par les jalousies des villes maritimes et
par les haines de parti entre Guelfes et Gibelins ;
Venise est en guerre contre Gênes ; Pise combat
Florence. Le vicaire de l'Empire, Matteo Vis-
consti, domine à Milan. La maison d'Anjou qui
régnait à Naples disputait la Sicile à l'Aragon.

Boniface VIII comprit que son rôle de Souverain Pontife l'obligeait à intervenir, à faire réta-
blir la paix dans la chrétienté. Les papes du
Moyen Age se sont toujours employés à cette
œuvre pacificatrice, et leur arbitrage fut le plus
souvent écouté. Mais à l'époque de Boniface, le
vieil édifice de la République chrétienne commen-

çait à être ébranlé et les tentatives d'apaisement
qu'il entreprit furent difficiles. Le 1er mars 1295,
il envoya des députés aux rois de France et d'Angleterre ; le 28 mai, il en envoyait aussi à
Adolphe de Nassau qui s'était mis honteusement
à la solde de l'Angleterre ; quelque temps après,
il pria les trois électeurs de Cologne, Mayence et
Trèves d'intervenir. L'Empereur Adolphe, du
reste, presque impuissant contre la France,
n'envoya aucun secours à Edouard ; il fut tué à
la bataille de Gölheim que gagna Albert d'Autriche, notre ancien allié, qui fut successeur à
l'Empire.

La question sicilienne fut plus longue à ré-
soudre. Jayme, roi d'Aragon, dès 1291 avait pro-
mis, en 1294, de remettre la Sicile au Pape dans
un délai de trois ans ; Charles le Boîteux conser-
vait ses possessions continentales, c'est-à-dire le
royaume de Naples. Cette transaction ne fut pas
du goût des Siciliens. Ils comprirent que leur île,
devenue possession papale, serait en réalité sous
la domination de la maison angevine. Ils s'étaient
habitués au gouvernement de Frédéric, frère de
Jayme, et ils n'hésitèrent pas à le proclamer roi,
dès décembre 1295. Le 2 janvier 1296, Boniface
adressa une lettre très modérée aux Siciliens et à
Frédéric ; les Siciliens refusèrent de recevoir la
délégation chargée de leur remettre cette lettre

et le 25 mars Frédéric fut couronné roi de Sicile, à Palerme. Le 5 février 1296, Boniface avait envoyé une lettre aux rois de Naples et d'Aragon, les invitant à venir à Rome pour faire un arrangement sur les affaires de la Sicile ; ils n'arrivèrent qu'en 1297, et le Pape lança l'excommunication contre la Sicile le jour de l'Ascension. Le 17 septembre 1297, il invita par lettre le frère de Philippe le Bel, le fameux Charles de Valois, nommé le 20 janvier précédent, gonfalonier et amiral de l'Eglise, à se rendre à Rome pour aider le Pape à conquérir la Sicile. Ferdinand d'Aragon, en effet, investi de la Corse et de la Sardaigne, était trop lent à remplir les conditions qu'il avait acceptées. Mais Charles de Valois ne put vaincre les Siciliens, et il dut signer en 1302 la paix de Caltabellota par laquelle il reconnaissait Frédéric ro de Sicile. Boniface n'accepta cette paix qu'à contre-cœur (1303) ; mais il voulut que Frédéric prit le titre de roi de Trinacrie, pour permettre à Charles de s'intituler toujours roi de Sicile. Il y eut ainsi deux royaumes séparés, celui de Naples et celui de Sicile, qui furent presque toujours en guerre l'un contre l'autre.

Le 28 juin 1298, le Pape servit d'arbitre entre la France et l'Angleterre. Edouard Ier devait épouser une fille de Philippe le Hardi et son fils, le futur Edouard II, fut fiancé à Isabelle, fille de

Philippe le Bel. On ne s'occupait pas du sort de la Flandre.

En Danemark, le roi Erik avait fait mettre en prison Jean, archevêque de Lund, et celui-ci en avait appelé au Pape. Le 23 août 1295, Boniface envoya un légat à Erik pour qu'il fît relâcher l'archevêque Jean, qui devait venir comparaître devant le Pape, son juge naturel ; devant le refus d'Erik, Boniface lança sur le Danemark un interdit qui ne prit fin qu'en 1299.

En Italie, la guerre continuait entre Vénitiens et Gênois. Boniface s'interposa et les pria de conclure un armistice jusqu'au 24 juin 1296 et d'envoyer des délégués à Rome. Les Gênois ayant refusé, la guerre continua. Les Vénitiens furent battus à Curzola où se tua André Dandolo et où fut pris Marco-Polo (1298). Mais ce ne fut pas une action décisive. Gênes se débarrassa plus tôt de Pise, qui vit, par la paix de 1299, sa puissance maritime anéantie. Mais en 1300, Matteo Visconti, seigneur de Milan, força Gênes à traiter avec Venise.

Le Pape n'oubliait jamais de faire respecter, dans chaque traité, les droits de l'Eglise. Lorsqu'il ratifia le traité entre Frédéric et Charles II d'Anjou, il obligea Frédéric à payer un tribut annuel de 3.000 onces à l'Eglise, et à prêter un serment de fidélité au Pape dans les choses temporelles ; Boniface se réservait toute liberté dans le domaine spirituel.

Après la mort d'Adolphe de Nassau à Gölheim, Albert d'Autriche s'était fait élire Empereur à Aix-la-Chapelle. Voulant obtenir une confirmation du Pape, il envoya une députation à Rome. Mais le Pape hésitait à reconnaître comme Empereur le meurtrier d'Adolphe de Nassau. Même, en 1301, il le cita devant son tribunal pour qu'il vint se justifier de cet homicide. Du reste, il avait déjà formé des plans au sujet de Charles de Valois, frère de Philippe le Bel et gendre du dernier Empereur latin de Constantinople. Comme on le voit, il comblait de bienfaits la maison de France : le 11 août 1297 il avait canonisé Louis IX. Le 29 novembre 1300 il appela Charles en Italie pour l'aider à pacifier la Toscane, déchirée par les factions des Blancs et des Noirs, et pour enlever la Sicile à Frédéric qui l'avait usurpée. En juillet 1301, Charles arriva à Milan ; en septembre, il était avec sa femme à Anagni, où le Pape le reçut avec empressement et lui décerna des honneurs. Il le nomma gouverneur des États Pontificaux, paciaire, c'est-à-dire pacificateur en Toscane, et Vicaire de l'Empire ; de novembre 1301 à avril 1302, Charles séjourna, à ce titre, à Florence. Mais dès novembre 1302, Charles avait été rappelé en France par le roi, parce qu'on était alors en plein conflit avec Boniface VIII.

Celui-ci, au milieu des troubles de l'Occident, ne perdait pas de vue l'Orient. Cassan, roi chrétien des Tartares, venait de battre le sultan d'Égypte près d'Émèse en Syrie, et l'avait repoussé en Egypte. Boniface, pour aider Cassan, fit prêcher la Croisade aux princes et aux nations. Philippe le Bel lui refusa la dîme qui devait être levée en vue de la Croisade, s'allia avec Albert d'Autriche et accorda sa protection aux ennemis acharnés du Pape, les Colonna.

Les Colonna et les Orsini étaient deux des plus grandes familles romaines. Les premiers représentaient à Rome la faction gibeline (ennemie du Pape) et les autres la faction guelfe. Les deux cardinaux diacres, Jacques Colonna et Pierre, son neveu, avaient été contraires, surtout le second, à l'abdication de Célestin V. Du reste, dans un procès de famille Boniface s'était prononcé contre les deux cardinaux et leurs frères. Étienne, frère de Jacques voulut se venger du Pape ; tandis qu'on transportait le trésor d'Anagni à Rome, il le fit piller. Les deux cardinaux intercédèrent pour le coupable, mais ils le firent avec un tel zèle que le Pape crut qu'ils étaient les complices de leur frère : surtout ils paraissaient soutenir Frédéric, l'usurpateur de la Sicile. Cités devant le Pape, ils se gardèrent bien de comparaître ; ils

publièrent même un libelle diffamatoire contre
Boniface, dans lequel ils prétendaient que son
élection était illégale. Par deux arrêts, datés du
10 et du 23 mai 1297, le Saint-Père les déclarait
schismatiques, privés de leurs dignités et de leurs
bénéfices, et confisquait leurs propriétés temporelles : la même sentence s'appliquait aux frères
du cardinal Pierre, Agapet, Étienne et Sciara.
En même temps il déchaînait contre eux une véritable croisade, à la tête de laquelle se mirent
les Orsini. Les biens des Colonna furent pillés,
leurs maisons détruites à Rome, leurs châteaux
et leurs villes renversés et leurs partisans furent
bloqués dans la forteresse de Palestrina. Une
guerre de pamphlets eut lieu ensuite ; le Sacré
Collège répondit par des écrits à un nouveau libelle des Colonna. Pierre Paludanus, qui devint
patriarche de Jérusalem, Jean Andreas, juriscon-
sulte bolonais, Gilles de Rome (Ægidius Romanus), prirent la défense du Pape. Après une résistance acharnée, les Colonna demandèrent, en
septembre 1298, à Rieti, le pardon et l'absolution :
Boniface les leur accorda, à condition qu'ils se
retireraient à Tivoli, après avoir livré Palestrina.
Mais ils ne se sentirent pas plus tôt libres qu'ils se
tournèrent encore une fois contre le Pape. Cette
fois il ne leur fit pas rémission : les deux cardinaux se réfugièrent à Pérouse où ils purent se

cacher ; Etienne s'enfuit en France; Sciarra, après
avoir séjourné à Antium, fut pris par des pirates
et débarqua à Marseille. D'autres Colonna trou-
vèrent un aide auprès de Frédéric en Sicile. Le
Pape fit raser le château et la ville haute de Palestrina, passer la charrue et semer du sel sur le
territoire et au pied de la montagne on construi-
suit une ville nouvelle, Citta Papale, où fut trans-
féré l'évêché de Palestrina. Les descendants de
la famille Colonna furent déclarés infâmes.

Philippe le Bel devait trouver dans les Colonna
des alliés ardents et énergiques, d'autant plus
redoutables que des haines personnelles, des
haines d'Italiens les animaient contre Boniface VIII.

CHAPITRE III

LA LUTTE POUR LES DROITS TEMPORELS DE L'EGLISE ET LE CONFLIT AVEC PHILIPPE LE BEL

Le conflit qui éclata entre le roi Philippe le Bel et Boniface VIII est le premier assaut violent que la monarchie française ait livré aux prétentions temporelles du Saint-Siège. Les « libertés de l'Eglise gallicane » n'avaient pas encore été formulées aussi nettement qu'elles le seront au xvi⁰ et au xvii⁰ siècle, par les Pithou, les Dupuy, les Baillet, les Bossuet, mais il y a des tendances, des aspirations exagérées et exploitées par les légistes du roi, vers une certaine indépendance de l'Eglise de France, vis-à-vis du Pape. Philippe le Bel pourtant était un roi très pieux ; les

premiers actes du Pape lui avaient toujours été
favorables ; Boniface avait sanctifié la maison de
France dans la personne du glorieux Louis IX.
Tout semblait donc concourir à entente bonne et
durable entre les deux souverains. C'est une question financière, une question d'impositions qui mit
aux prises les deux pouvoirs.

Pour subvenir aux frais de la guerre, les rois
d'Angleterre et de France avaient fait lever sur
les Eglises et sur le clergé des impositions lourdes
et du reste illégales. L'origine de ces contributions remontait à la croisade de Philippe III contre l'Aragon, pour laquelle le Clergé de France
avait volontairement fourni des subsides. Mais,
dans une guerre anglo-française, il n'en allait plus
de même et toute imposition frappant le clergé
était illégale. Ce fut la cause du premier conflit
qui dura de février 1296 à juillet 1297 ; le second
va du 5 décembre 1301 au 11 octobre 1303.

Le roi Philippe IV avait déjà répondu avec
hauteur au légat du Pape qui, durant la guerre
avec l'Angleterre, était venu intercéder en faveur
de la fille du comte de Flandre. Le roi déclarait
« qu'il n'avait à rendre compte de sa conduite
qu'à Dieu, *en ce qui regardait les affaires temporelles de son royaume* ; qu'il trouvait étrange
que le Pape lui fît parler d'un ton si haut, pour
des choses qui ne le regardaient pas ; que c'était

se déclarer à contre-temps contre ses ennemis, et *entreprendre au delà de sa juridiction*; qu'au reste, il avait sa cour pour faire justice à ses vassaux et à ses sujets, et qu'ainsi il remerciait Boniface dont les inquiétudes et les soins lui étaient inutiles en cette rencontre ».

Cette réponse n'arrêta ni ne découragea le Pape. Il se décida à agir plus vigoureusement, et, pour mettre fin aux impôts levés par Edouard et Philippe sur le clergé, comme aussi pour exposer une fois pour toutes la théorie de l'Eglise sur cette question, il lança la fameuse décrétale *Clericis luicios* (24 février 1296). Sans s'adresser directement à tel ou tel souverain, mais parlant à un point de vue tout canonique, il y déclare excommuniés de fait tout prêtre qui paiera, tout laïque qui exigera subvention, prêt ou don sans l'autorisation du Saint-Siège. Philippe répondit en défendant d'exporter hors du royaume des armes, de l'or et de l'argent ; il prétextait la nécessité de défendre la France contre l'Angleterre. Un autre édit (août 1296) défendait à tout étranger de venir en France pour y trafiquer. Ces édits frappaient le fisc pontifical. Boniface, ému, envoya six semaines après (20 septembre 1296) à Philippe, par les soins de Guillaume, évêque de Viviers, la lettre *Ineffabilis amoris dulcedine*. Il s'exprimait à la fois avec fermeté et douceur.

« O mon fils, disait-il, ne détourne pas l'oreille de la voix paternelle... Tu n'as point considéré avec prudence les pays et les royaumes qui entourent le tien, les volontés de ceux qui les gouvernent, ni peut-être les sentiments de tes sujets dans les diverses parties de tes Etats. » La menace était à peine déguisée. « Lève les yeux autour de toi, et regarde, et réfléchis... Tu reconnaîtras aisément que ce n'était pas le temps, que ce n'était pas le jour d'attaquer, d'offenser et nous et l'Eglise par de telles piqûres. Dans quel temps tes ancêtres et toi-même avez-vous eu recours à ce siège, sans que votre demande fût écoutée ? Et si une si grave nécessité menaçait de nouveau ton royaume, non seulement le Saint-Siège t'accorderait les subventions des prélats et des personnes ecclésiastiques, mais si le cas l'exigeait, il étendrait les mains jusqu'aux calices, aux croix et aux vases sacrés, plutôt que de ne pas défendre efficacement un tel royaume, qui est si cher au Saint-Siège, et qui lui a été si longtemps dévoué... » Il l'avertissait en outre que les ordres qu'il avait donnés, pour faire sortir les étrangers de son royaume, ou pour les empêcher d'y entrer, et d'y faire aucun commerce, et pour défendre de laisser rien transporter hors de France, ne devaient point comprendre les gens d'Eglise.

Le Pape ne pouvait se montrer plus modéré.

Le roi répondit par un écrit fort ample et fort
subtil. Il prétendit qu'il n'avait voulu, par ses
édits, que prendre des mesures pour savoir à qui
et à quel usage étaient destinés l'or, l'argent et
les armes exportés du royaume ; qu'il ne voulait
pas violer les Immunités ecclésiastiques, mais for-
cer tous ses sujets, laïques et clercs, à contribuer
à la défense du royaume. En même temps les
évêques et les abbés de la province de Reims écri-
vaient au Pape et le suppliaient de ne pas troubler les libertés ni le repos de l'Eglise de France.
Le Pape qui n'avait jamais agi que conformément
au droit canonique, crut nécessaire d'exposer encore
sa pensée sur cette affaire. Par la Bulle *Romana
mater* du 7 février 1297 il déclara qu'il ne trouvait pas mauvais que les ecclésiastiques payassent
au Roi quelques contributions pourvu que ce fût
volontairement de leur part, sous le nom de don
gratuit ou de prêt, *et non de taille ou d'impôt
sur le Clergé*, qu'il ne parut pas que cela fût
exigé par autorité souveraine ou absolue ; qu'il ne
prétendait pas non plus comprendre dans les
exemptions marquées par sa bulle, les prélats ou
les autres ecclésiastiques qui tenaient des fiefs ou
Régales du roi ; qu'il promettait même au roi ou
à ses officiers en son nom de recourir au Saint-
Siège dans les nécessités pressantes pour obtenir
la permission de lever des subsides sur les autres

ecclésiastiques compris dans sa bulle, *quoique exempts, privilégiés et indépendants de l'autorité séculière et de la juridiction royale.* »

La révolte des Colonna venait d'être réprimée, mais deux d'entre eux s'étaient réfugiés en France. Le Pape ne tenait pas à ce que Philippe IV leur offrît aide et protection ; voulant se concilier le roi, il chercha à apporter quelque tempérament à sa Bulle *Clericis laicos*, qui avait surtout une valeur théorique, et il lança la Bulle *Etsi de Statu* (31 juillet 1297). Il déclarait que la Bulle *Clericis laicos* ne faisait point obstacle aux droits féodaux ni aux coutumes du royaume ; il autorisait le Roi de France, en cas de nécessité formelle, de lever des subsides sur le clergé pour la défense du royaume, lui donnait la moitié de la collecte de la Terre-Sainte et une année des revenus de tous les bénéfices vacants. Cette Bulle ne contradisait pas la décrétale *Clericis laicos*, puisque le Pape donnait au roi l'autorisation de lever sur son clergé des impositions, en cas de besoin urgent.

La Bulle *Etsi de Statu* mit fin au premier conflit. Une période d'apaisement suivit cette guerre de Bulles et de Décrets ; c'est l'époque du Grand Jubilé de 1300, où Boniface affirma solennellement la puissance de la Papauté et que nous décrirons dans notre dernier chapitre.

Mais le différend ne tarda pas à recommencer, dès 1301.

En 1297, à Creil, Philippe le Bel avait déclaré au légat du Pape, au milieu de sa Cour, « que le soin et l'administration du temporel dans le royaume de France appartenaient au Roi et non à aucun autre ; qu'il ne reconnaissait et n'avait aucun supérieur sur la terre pour ce point ». Il devait avoir bientôt l'occasion de lutter, au nom de cette doctrine, contre le Pape. Cette occasion, Bernard Saisseti la lui fournit, et il en sortit un conflit terrible et à la fois dramatique. Les légistes du Roi, Pierre Dubois, Pierre Flotte, Guillaume de Plasian et Guillaume de Nogaret aidèrent leur souverain dans cette lutte où Boniface VIII devait succomber.

Boniface VIII avait détaché la ville de Pamiers du diocèse de Toulouse et en avait fait un évêché. Il y avait mis comme évêque, Bernard Saisseti, abbé de Saint-Antonin de Pamiers. Ce Saisseti était un homme d'une grande valeur, un de ces Méridionaux qui n'avaient accepté les résultats de la croisade Albigeoise qu'à contre-cœur. Il aimait peu les Français et était un ardent patriote languedocien. Il aurait voulu délivrer le Languedoc de la domination française pour le donner au comte de Foix. Par contre, Philippe le Bel le détestait d'autant plus que le siège de Pamiers avait été créé sans son intervention. Il se doutait que Saisseti rêvait de la fondation d'un royaume de Languedoc destiné au comte de Foix ou au comte de Toulouse. Le comté de Foix avait divulgué les confidences de Saisseti ; on sut par lui qu'il projetait un mariage du fils du comté de Foix avec la fille du roi d'Aragon. « Ce Saisseti, disait le comte de Comminges, n'est pas un homme, mais un diable. »

C'est ce personnage que Boniface VIII choisit comme légat pour inviter le roi de France à songer à la croisade en Orient et à mettre en liberté le comte de Flandre et sa fille. Le roi s'irrita d'une pareille mission. Il fit garder Saisseti à vue. Une procédure fut commencée contre lui ; il fut cité à comparaître devant la Cour du roi à Senlis, le 14 octobre 1301. Il chercha à s'enfuir, mais fut arrêté à Paris et ses serviteurs furent mis à la torture. Le procès fut instruit par l'archevêque de Narbonne et les évêques de la province. Saisseti était accusé de lèse-majesté, de rébellion, d'hérésie, de blasphème et de simonie. C'était plus que suffisant pour mériter la mort. En même temps, le roi envoyait à Rome Pierre Flotte pour réclamer la déchéance de Saisseti comme clerc et comme évêque.

La réponse du Pape ne se fit pas attendre. Il envoya en France l'archidiacre de Narbonne,

Jacques des Normands, notaire apostolique, demander la mise en liberté du légat et convoquer les prélats et les docteurs du royaume à un concile qui se tiendrait à Rome le 1ᵉʳ novembre 1302. En même temps Jacques des Normands apportait deux bulles : la Bulle *Salvator mundi* (3 décembre 1301) et la Bulle *Ausculta fili* (5 décembre 1301). Cette Bulle affirme nettement les droits du Pape. Il se prétend seul maître (*solus magister et dominus*) ; il déclare que Dieu l'a constitué seul juge des rois, enfin il somme le roi de se soumettre, et lui annonce qu'il a convoqué un concile à Rome pour le juger.

Le roi fit appel à ses légistes. L'un d'eux, dont on ignore le nom, condensa, très succinctement, les propositions de la Bulle *Ausculta fili* et en fit la parodie *Scire te volumus*, dont la publication irrita l'opinion ; en même temps il rédigeait une prétendue réponse du roi, insolente pour le Pape : c'est la lettre dite *Maxima tua fatuitas*. Tous les légistes poussent le roi aux représailles. Le 10 avril 1302 se tint à Paris, à Notre-Dame, une assemblée des trois ordres du royaume, nobles, clercs et bourgeois, pour traiter des affaires de l'Église de France. Pierre Flotte prononça un violent discours où il dit que le Roi ne voulait pas avoir l'air d'obéir aux injonctions de

Boniface. La noblesse et les gens du commun déclarèrent qu'il fallait défendre à tout prix l'indépendance du royaume. Le clergé, très embarrassé, fit appel à la prudence paternelle du Pape et le supplia de révoquer ses injonctions.

Cette fois le Pape fut sévère dans ses répliques. Le discours qu'il prononça au consistoire devant les ambassadeurs de Philippe fut très vif. Il menaça Pierre Flotte de châtiment. Il y affirma son intention de convoquer les prélats à Rome pour le 1er novembre.

Le 11 juillet 1302, Philippe était vaincu à Courtrai. Au mois de novembre se tint à Rome une grande assemblée où Boniface VIII publia la Bulle *Unam sanctam.*

Cette Bulle a été l'objet de vives controverses. Elle fait partie des canons de l'Eglise, et est d'une orthodoxie indéniable. Elle dit que les deux glaives, le spirituel et le temporel, appartiennent à l'Eglise. Saint Paul n'a-t-il pas écrit, en effet, que tout pouvoir vient de Dieu. Le pouvoir spirituel est exercé directement par les Papes ; le pouvoir temporel appartient à l'Eglise (en vertu de la parole du Christ : *Converte gladium tuum in vaginam*) et les princes ne l'exercent que sous la haute autorité du Pape et pour servir l'Eglise. Le pouvoir spirituel a le droit de juger le temporel, mais la réciproque n'est pas vraie ; « nous déclarons, disons, définissons et prononçons, termine Boniface, que c'est une nécessité de salut pour toute créature humaine que d'être soumise au pontife romain ».

La formule est nette, mais ne fait que condenser fortement la doctrine toujours soutenue par l'Eglise. Boniface se place au point de vue général, au point de vue de la thèse. L'organisation parfaite de la Société exige que l'Eglise soit maîtresse des deux pouvoirs ; mais, dans la réalité, elle tolère une certaine indépendance des princes. Il est nécessaire pour être sauvé de mourir en communion avec l'Eglise ; mais il ne faut pas oublier la distinction théologique du *culpabiliter mori*. Ceux qui, par leur faute, meurent hors de l'Eglise ne peuvent être sauvés, mais les ignorants ne sont pas atteints par cette condamnation : or, le Pape est le chef de l'Eglise, donc il faut se soumettre à sa juridiction pour être sauvé.

Le 24 novembre, Boniface envoie auprès du roi Philippe le cardinal Lemoine. Celui-ci, ami personnel du roi, lui apportait une sorte d'ultimatum ; si le roi reconnaissait le droit du Pape d'envoyer des légats où bon lui plaît et d'être seul maître des biens d'Eglise, s'il n'altère plus les monnaies, le Pape se réconciliera avec lui. Le roi qui depuis la mort de Pierre Flotte, en juillet 1302,

était assez hésitant, fit des réformes assez hum-
bles, dont le Pape ne se contenta pas et qui ne
satisfirent pas les légistes. Ceux-ci s'opposèrent à
une entente.

L'un d'eux, Guillaume de Nogaret, conçut le
plan, d'accord avec les Colonna et les autres exilés de Rome, d'aller s'emparer de Boniface et de
le traduire devant un concile qui le déposerait.
Le 7 mars 1303, la chancellerie royale l'investit
de pouvoirs et du droit de traiter au nom du roi
avec toute personne qu'il jugerait à propos, « pro
quibusdam nostris negotiis ».

Le 12 mars, dans une assemblée où assistaient
le roi, le duc de Bourgogne, quelques archevêques et évêques, Nogaret lut une requête où il
accusait Boniface de simonie, d'usurpation du
Saint-Siège et dit qu'il appartenait à un concile
général de le juger et de le condamner. Vers le
même temps l'archidiacre de Coutances arrivait
en France comme légat et apportait à Lemoine
des instructions du Pape. L'archidiacre fut arrêté à Troyes et enfermé. Nogaret, en même temps,
partait pour l'Italie.

Le Pape, réconcilié avec la Sicile et Albert
d'Autriche, délia les habitants de la vallée du
Rhône, de la comté de Bourgogne, de la Lorraine
des serments de fidélité contraires à l'Empire.
Philippe s'entendit avec Wenceslas de Bohème,

ennemi d'Albert. Les 13 et 14 juin se tint au Louvre une nouvelle assemblée où le légiste, Guillaume de Plaisians, lut un réquisitoire contre Boniface, l'accusant d'hérésie, de simonie et de tyrannie, et fit appel à un concile général. Il reçut l'approbation du roi ; des commissaires royaux parcoururent le royaume pour recueillir des adhésions et réprimer les résistances. Le 24 juin, dans les jardins royaux à Paris, des moines prêchèrent devant une foule immense l'appel au Concile général. Boniface répondit par deux lettres très modérées (*Nuper ad audientiam* et *super Petri solio*) où il confondait ses accusateurs et exhortait le roi au repentir.

Pendant ce temps, Nogaret, aidé du Florentin Mouche, séjournait au château de Staggia, en Toscane, au milieu d'une troupe d'exilés, d'ennemis de Boniface et de mécontents : les Ceccano, les Sgurgola, Rinaldo do Supino et surtout Sciarra Colonna. Le 7 septembre, avant l'aube, Nogaret et Colonna avec une armée de 1.600 hommes, se dirigèrent sur Anagni. Le drapeau fleurdelisé flottait au-dessus de la petite troupe. Boniface, dans son palais, ne se doutait de rien. Nogaret, arrivé sur la place publique, harangua la foule. Puis on s'empara du château du neveu du Pape, qui fut pris ; après avoir traversé la cathédrale, on envahit le palais papal. Tout fut pillé, la mai-

son de l'évêque de Palme, la banque des Spini,
le palais du Pape.

Boniface VIII revêtu de la chlamyde, tenant aux
mains la croix et les clefs, attendit ses agresseurs.
Les gens de Sciarra accablèrent le vieillard d'outrages ; Sciarra lui-même l'insulta, mais il n'est
pas prouvé qu'il l'ait frappé de son gantelet de
fer. Le Pape se contenta de leur dire : « Voici
mon cou, voici ma tête ». Puis Nogaret arriva, il
se mit à discourir longuement, accusa le Pape
d'hérésie et lui fit savoir qu'il serait jugé par
un Concile. Il le fit garder prisonnier dans sa
chambre par des hommes d'armes.

Telle fut cette scène inique qui a soulevé l'in-
dignation de Dante : « Je vois dans Anagni entrer les fleurs de lys... Je vois renouveler le vi-
naigre et le fiel... Je vois le nouveau Pilate... »

Boniface craignant d'être empoisonné, vécut
d'œufs que lui donnait une vieille femme. Mais
au bout de trois jours la population d'Anagni se
révolta, chassa les envahisseurs et délivra le Pape.
Boniface VIII se rendit à Rome ; ses derniers
jours, surtout ses derniers rapports avec les Orsini sont mal connus. On sait qu'il pardonna aux
défectionnaires d'Anagni (1). Il mourut sainte-
ment le 11 octobre 1303, et fut enseveli dans
l'église de Saint-Pierre.

(1) *Pippinus ap. Muratori*, ix, 583.

Il avait bu le calice jusqu'à la lie ; les forces matérielles du siècle qui s'étaient heurtées contre lui, purent triompher, mais elles n'eurent qu'une apparente victoire. Celui qui sut contre des forcenés et des violents lutter avec tant de courage. celui qui ne faillit jamais dans la défense des droits de l'Eglise, s'il a pu paraître vaincu par la force brutale, n'en reste pas moins l'inébranlable Pontife qui éclaire d'une vive lueur les derniers jours du Moyen Age, l'esprit vigoureux qui conçut la Bulle *Unam Sanctam*, l'Outragé superbe d'Anagni.

CHAPÍTRE IV

LE JURISTE ET L'ARTISTE

CONCLUSION

Boniface VIII sut, pendant son court règne, trouver le temps de se consacrer au droit canonique et de protéger les arts.

Il est l'auteur du sixième livre des Décrétales, appelé ordinairement le Sexte. On y trouve des canons relatifs à la collation des bénéfices, à la procédure en matière d'hérésie, au mariage. Tous portent la marque d'une science consommée et sûre d'elle-même.

Il fut aussi un admirateur des beaux-arts et un protecteur magnifique et libéral des artistes. Il embellit sa chère ville d'Anagni, où il établit sa résidence d'été et fit restaurer sa cathédrale ; son architecte Cassetta travailla à Guarcino et Frosinone. Il ouvrit au culte la cathédrale d'Orvieto ; il acheva, en 1300, la construction de Saint-Laurent in Panisperna. Giotto décora Saint-Pierre et Latran de fresques merveilleuses. Les cardinaux eux-mêmes, surtout le cardinal de Saint-Georges, firent faire de magnifiques œuvres d'art. Les miniaturistes et les sculpteurs (Oderino, Fraino de Bologne, Arnolfo) furent les bienvenus auprès du Pape.

Boniface témoigna aussi beaucoup de faveur aux universités : peu de jours avant l'attentat d'Anagni, il en établissait une à Rome. Mais la plus belle conception de son pontificat, c'est peut-être le Jubilé de 1300.

En l'an 1300, Boniface promit solennellement rémission de tous leurs péchés à tous ceux qui viendraient pendant 30 jours à Rome visiter les tombeaux des saints Apôtres. L'affluence de peuple fut immense à Rome ; il y eût plusieurs centaines de milliers de pèlerins. Les maisons ne suffirent pas pour loger cette multitude. Il y en eût qui campèrent dans les rues et sur les places, sous des tentes et beaucoup dormaient à la belle étoile. Le siècle parut commencer sous d'heureux auspices. Boniface était à l'apogée de sa puissance. Il reçut des envoyés des princes qui reconnurent la grandeur de son autorité. Lui-même se montra aux pèlerins, avec les insignes impériaux ; on portait devant lui l'épée et le sceptre sur la boule du monde et un héraut criait : « Il y a ici deux épées ; Pierre, tu vois ici ton successeur ; et vous, ô Christ, regardez votre vicaire ».

Les dons affluèrent ; l'or, l'argent, les pierres précieuses étaient amoncelés et il fallut un bureau spécial pour classer toutes ces richesses : on était, dit un chroniqueur, obligé de prendre les pièces de monnaies et les bijoux avec des râteaux, *cum rastellis*.

Certes, ce fut un splendide spectacle qu'offrit ce Jubilé. Mais qui eût dit que trois ans après, le Vicaire du Christ dont le prestige avait éclaté au milieu de tant de milliers de chrétiens, devait, à Anagni, subir les pires outrages ?

Cela, c'est le secret de la Providence. Il fallait qu'à ce moment les princes fissent un assaut terrible contre le Pape. Mais l'Eglise n'a pas été ébranlée. D'ailleurs, c'est uniquement contre la personne de Boniface que Philippe le Bel prépara toutes ses machinations. Il n'osait pas s'en prendre à l'Eglise. Des siècles ont passé depuis et la Papauté vit toujours. Pie IX a vu son pouvoir temporel combattu plus violemment encore que sous Boniface. Mais Boniface VIII est le premier qui ait subi autant d'outrages et il a donné à ses successeurs l'exemple de la résistance. L'his-

toire doit le magnifier ; s'il fut opiniâtre, c'était
pour défendre l'Eglise ; du reste, le ton de ses
bulles, de ses lettres à Philippe est presque toujours modéré et conciliant. Les accusations de
ses ennemis sont fondées sur des témoignages
sans valeur. Les documents sont là pour le justifier et il faut que l'on sache bien que ce Pape si
décrié, mérite l'admiration du monde chrétien.
A une époque où tant d'éléments luttaient contre
l'Eglise, il a su se tenir fièrement sur la Barque
de Pierre et, s'il a succombé, c'était avec le senti-
ment d'avoir consacré tous ses efforts à l'œuvre
que lui avait confiée le conclave sous l'inspiration
de Dieu.

BIBLIOGRAPHIE

BAILLET (Adrien). — *Histoire des démêlés du pape Boniface VIII avec Philippe le Bel, roi de France* [publié par Jacques Le Long, Paris, 1717 et 1718, in-12°, 2e éd. rev. corr. *ib.*, 12°, 4 f. 368 p.]

CALENZIO (Gener.). — *Vita ed apologia di papa Bonifazio VIII,* Napoli, 1862, 16°, 120.

CANTU (Cesare). — *Le Contemporain,* B, X, 770, 9.

CARTIER. — *Revue de Numismatique,* 1839.

— *Numism. du Comtat-Venaissin* (1839), 29.

CHANTREL (J.). — *Boniface VIII et son temps (Histoire pop. des Papes),* 2e éd. Paris, 1866, in-18°, 214 p.

DIGARD (Georges). — *Boniface VIII et les recteurs de Bretagne,* dans *Bul. archéol. hist.,* école fr. Rome (1883), III, 290, 311 et dans *Bibl. Ec. Chartes* (1886), XLVII, 80, 7, *ib.* (1887) XLVIII, 371, 9 (un groupe de *littere notate* du temps de Boniface VIII.

FAUCON et Ant. THOMAS. — *Les régistres de Boniface VIII,* Paris, 1884, gr. 4°

HAUREAU (C.). — *Journ. des Sav.*, 1891, 236, 43.

VALORI. — *Bull. crit.* (1887), VIII, 286, 8.

DRUMANN (Wilh.). — *Geschichte Bonifacius des Achten* *Königsberg*, 1852, 2 p. gr. in-8°, XXII, 525 p.

OUBLERLEY (Wil.). — *The jubilee of Boniface VIII* (1300) dans *The Month* (1875), XXIV, 1-16. Traduit dans *Annales de Philos. chrét.* (1842), C, V, 405-38 ; VI, 23-48.

DU PUY (Pierre). — *Histoire du différend entre le pape Boniface VIII et Philippe le Bel, roy de France*, où l'on voit ce qui se passa touchant cette affaire depuis l'an 1296 jusques en l'an 311, sous les pontificats de Boniface VIII, Benoist XI et Clément V ; ensemble le procès criminel fait à Bernard, évêque de Pamiez ; le tout justifié par les actes et mémoires pris sur les originaux qui sont au Trésor des Chartes du Roy ; Paris, 1655, f°.

FINKE (Heinrich). — *Aus den Tagen Bonifaz, VIII*, 1 vol in-8° de 296 et 222 pages ; Münster, Aschendorf, 1902, cf.

BERGER (Elie). — *Journal des Savants* 1903, p. 555-68.

GARCIA (Franc. Blanco). — *Vindicacion y semblanza de Bonifacio VIII* dans *Rev. August.* (1885-6), X, 19-27, 107-17, 193-205, 305-11 ; XI ; 109-16 ; 295-300 ; 400-8 ; 495-503.

GAUTIER (Léon). — *Etudes controv. histor.* (1866).

GERSPACH. — *La statue de Boniface VIII au dôme de Florence* dans *Rev. de l'Art chrét.*, 1895, D. VI, 223.

GUÉRIN (L.-F.). — Dans *Encyclopédie catholique.*

GUIGNARD. — Fragment de chronique concernant spé-
cialement le règne du pape Boniface VIII dans
Bulletin comité de l'Histoire de France, 1853, IV, 57.

HÖFLER (Const.). — *Rückblick auf Papst Bonifacius VIII,
und die Literatur seiner Geschichte, nebst einer wich-
tigen urkündlichen Beilage aùs den vaticanischen Archiv. in Rom* dans *Abhandl. Bayer. Akad. Wissensch.*
(München, 1843), C, III, V, 84 p.

HORMAYR. — *Archiv.* (1811), n° 80.

ISAMBERT. — *N. b. g.* (1855), VI, 579-96.

JONRY. — *Hist. du pape Boniface VIII* (1217-1303).
Plancy, 1850, 18°, 108 p. port.

KERVYN DE LETTENHOVE. — *Etudes histor.*, XIII (1854).
— *Une relation inédite de l'attentat d'Anagni*, dans
Revue des questions historiques, 1872, XI, 511-20;
Paris, 1873, 8°, 12 p.

LE CLERC (J.). — *Bibl. anc. et mod.* (1718), X, 32.

LECLERE (V.). — Dans *Hist. litt. franç.* (1862), XXIV,
10-2 (2°, I, 12-4).

LELONG. — *Bibl. France*, 1768, I (7116-7124).

LEVI (Guido). — *Bonifazio VIII e le sue relazioni col
commune di Firenze*, dans *Archiv. soc. Romana stor.
patr.*, 1882, V, 365-474, cf.

FRANCHETTI (Aug.). Dans *Nuova Antologia* (1883), B,
XXXVII, 23-38.

— *Liber pontificalis*, éd. Duchesne (1892), II, 468-70.

MARTENS (Wilh.). Dans *Vaticanum und Bonifaz VIII,
eine Auseinandersetzung*, dans *Histor. polit. Blätt.*,

(1888), CII, 127-32, 381-72 ; München, 1888, 8°, 36 p. cf.

Funk. — Dans *Theol. quartschr.*, 1889, LXXI, 682-4.

Mazzucelli. — *Scr. Ital.* (1762), II, iii, 1640-3.

Mangionius (Valent.). — *Apologia pro Bonifacio VIII et Gregorio XIII, Rom. pont.* ; Colonn. Agripp., 1637, pet. 4°. *Auctuarium Apologiæ*, ib., 1627.

Melzi. — *Anon. Ital.* (1848), 1-103.

Molinier (Em.). — *Inventaire du trésor du Saint-Siége sous Boniface VIII (1295)* dans *Bibl. Ec. Ch.* (1882-8), XLIII, 276-310 ; 626-46 ; XLV, 31-57 ; XLVI, 16-44 ; XLVII, 646-67 ; XLIX : 226-37, Nogent-le-Rotrou, 1888, 8°, 144 p.

Muntz (Eug.). — *Études sur l'histoire des arts à Rome pendant le Moyen Age* : I. Boniface VIII et Giotto dans *Mélanges archéol. hist. ec. fr.*, Rome (1881), I, 111-37.

Nilles (Nic.). — *In scrinio putoris sui. Ueber den Brustschrein Bonifacius VIII*, dans *Zeitschr. Kathol. théolog.* (1895), XIX, 1-34.

Peruzzi (Agost.). — *Bonifacio VIII e Dante Alighieri, der Corso* dans *Giorn. cules.* (Bologne), II ; Bologne, 1842, 8°, 16 p. *Opere.* ib., 1847, disp. 20.

Potthart. — *Reg. pont. rom.* (1875), 1795, 1825, 1915, 1923-2024, 2133-4.

Raynaldus. — *Ann.* (1648), 1291, 4 ; 1294, 23, 1303, 44. 1303, 13-5 ; 1306, 1 ; 1307, 10-1 ; 1309, 4 ; 1310, 37-8 ; 1311, 25-51 ; 1312, 10-6 ; 1311, 84.

REUMONT (Alfr.). — Dans *Arch. stor. Ital.*, 1873, C. XVII, 208-12; *Rivista univers.* (Firenze 1871), XIV, 92-104, 423-30 ; XV, 409-20.

ROCQUAIN (Félix.). — *Boniface VIII* dans *Journal des Savants* (1875), 55-67 ; 128-39, 185-99.

RUBENS (Johan). — *Bonifacius VIII e familia Caietanorium principum Romanus pontifex: Ques in duas partes divinum, altera vitam et res ab eo gestus illustrat, altera defendit.* Romæ, 1651, pet. 4°, Iij-385 p. Traduction italienne par Luigi Bossi, Milano, 1818, 2 v. 8°. Cf. BUDDAN, *obser. litter.*, 73-98.

SCHULTE. — *Geschishte Kanon-Recht*, 1877, II, 34-44.

SCHWAB. — (Cf. *Philippe IV de France*).

TIRABOSCHI. — *Stor. lettes Ital.*, 1807, IV, II, 1297-8. V, I, 83-5.

TOSTI (Luigi). — *Storia di papa Bonifacio VIII e de moi tempi*, Monte-Cassino, 1846, 2 v. gr. 8°, 2 pl. Milano, 1848. Traduit fr. par :

MARIE-DUCLOS. — *Histoire de Boniface VIII et de son siècle* avec des notes et des pièces justificatives, Paris, 1854, 2 v. 8°, XXIV, 474 p. et IV, 510 p. ; port.

TREUTLER (Jul.). — *Drei Buller Bonifacius VIII*, Hagen, 1876, 4°, 18 p.

TRITHEMIUS. — *Script. eccl.*, 511.

DE WAILLY, DELISLE ET JOURDAIN. — *Recueil des hist. de Fr.*, 1876, XXIII, 148.

GREGORIUS. — *Histoire de Rome au M. Age* (en allemand).

BAUDRILLARD. — *Des idées qu'on se faisait au* XIV° *siècle sur le droit d'intervention du souverain pontife dans les affaires politiques*, dans *Revue d'histoire et de litt. rel.*, 1898.

M. DIGARD (G.). — Prépare : *Philippe le Bel et le Saint-Siége.*

Enfin :

LAVISSE et RAMBAUD. — *Histoire générale*, tome III, Paris, 1874, chap. I (Coville) et VI (Chéron).

LAVISSE. — *Histoire de France*, t. III, II° partie, Paris 1901 ; livre II, chap. II (Ch. Vict. Langlois).

MICHELET. — *Histoire de France*, Paris, 1876, tome III ; livre V, chap. II, pp. 35-64.

GUIRAUD. — *L'Eglise et les origines de la Renaissance.*

TABLE DES MATIÈRES

—

FIN DE LA TABLE

Saint-Amand (Cher). — Imprimerie BUSSIÈRE.